La belleza es verdad y la verdad belleza.
Es todo lo que necesitas saber en la tierra.

John Keats

Senté
a la belleza
para injuriarla,
pero ebria y sorda se ha dormido
en mis rodillas.

Tomás Salvador González

© Carlos Ortega, 2024

Dirección editorial: Héctor Escobar
Director de la colección: Gustavo Martín Garzo
Fotografía de cubierta: José Ramón Vega
Diseño de la colección: Miguel Riera
Maquetación: Alberto R. Torices

ISBN: 978-84-10057-74-6

Dep. Legal: Le. 470-2024

Impreso en España — Printed in Spain

Carlos Ortega
La belleza de **la luz**

De la belleza (23)

Carlos Ortega

La belleza de **la luz**

EOLAS EDICIONES

A Kiril, Liuba y Samuel,
luminarias de mi firmamento

ÍNDICE

Post tenebras spero lucem

Lema de Cervantes en el *Quijote*

Dos fuerzas reinan en el universo:
luz y gravedad

Simone Weil, *La gravedad y la gracia*

I

MI MADRE DIO A LUZ
CUATRO VARONES

Es bonita la expresión española 'dar a luz'. Y no puede ser más gráfica y descriptiva. Porque cuando uno nace, nace a la luz. Le sacan de la tiniebla del limbo maternal para que habite la luz. Y cuando muere, los focos se apagan.

La existencia y la luz van de la mano, son tal para cual. Uno imagina la nada bajo la apariencia de un espacio negro-tinta-china, mientras que lo que existe, aunque circunstancialmente pueda permanecer oculto, enterrado en la noche, por ejemplo, adquiere carta de naturaleza existencial cuando la luz lo ilumina y lo hace presente, sale a la luz o lo sacan a la luz. Y al revés, la luz sola es invisible, y solo al interactuar con todo lo que existe, por decirlo así, se nos hace visible y hace visible el mundo.

Así que de primeras a uno lo entregan a la mayor maravilla que verse pueda y la que hace posible todas las otras maravillas: la luz. Y lo bueno de eso es que la luz lo acompaña a uno toda la vida, salvo que por el camino pierda uno la vista, claro.

Desde ese primer «alumbramiento», todo es ya una celebración de la luz. Todo el universo parece celebrar la luz. Las fuentes luminosas en el cielo, el sol, la luna, las estrellas, los arcoíris y las auroras boreales, protagonizan nuestro diario «deslumbramiento». Con qué júbilo no se despierta todo al amanecer, pidiendo a gritos que la luz del sol inunde el orbe. Hay animales que se vuelven literalmente locos de alegría con el mero anuncio de la luz en los primeros rayos de la mañana. Seguramente son los mismos (esos pájaros) que expresan con un fiero clamor la sorpresa de que la luz los abandone al atardecer. En su socorro acude una explosión de lívidos destellos, las estrellas, o la lámpara encendida de la luna. Pero ellos duermen. Dormir es entregarse al ritmo del espacio oscuro.

Como decía, mi madre dio a luz cuatro varones. Más de ciento veinte años después, todos seguimos gozando de una buena visión. ¿Cómo hemos vivido tanto?, os preguntaréis. ¿Y cómo seguimos teniendo una buena vista? ¡Ah, no sé! Sólo disfruto del placer de estar viejo y de sentir el milagro del cosmos desde este espacio acariciado por la luz solar. Soy el mayor de los cuatro hermanos, y el año pasado se cumplieron 123 años de mi nacimiento. En relación con las dimensiones en las que se mueve la luz, estas cantidades no son nada. Los formatos a escala humana son ridículos si se comparan con las magnitudes a escala de la luz. Tal como se aprende en la escuela, la luz viaja a una velocidad de 300.000 kilómetros por segundo, pero a pesar de esa velocidad, el primer rayo de sol que vemos al nacer tiene una edad de 170.000 años desde que la estrella solar lo creó y ocho minutos más tarde llega hasta nuestra retina de recién nacidos.

Pero si al nacer nos dan a la luz, también es verdad que en el nacimiento somos luz en la luz. El ser humano es un ser luminoso. No hay más que verlo en cómo resplandecen los bebés y los niños. Esa luz de su ser puede ganar intensidad o apagarse por las circunstancias en las que se desarrolle su vida. Nuestra responsabilidad es la de prodigar las mejores condiciones para que la luz con la que todos nacemos aumente con la vida. Sólo una existencia dañina puede hacerle oscuro a un ser humano. Vivir con dignidad es procurar que la llama que constituye nuestra existencia perviva. La tarea principal del vivir consiste, pues, en hacer que la luz que te fue dada, la luz a la que fuiste entregado, no se extinga.

Aunque soy muy viejo, sigo siendo muy tímido. Todavía me enciendo como una bombilla, «me pongo como un tomate», se dice en español, me ruborizo ante cualquier situación que me delate como individuo o que haga recaer la atención de los otros sobre mí. Esa incandescencia interior es una secuela de mi inocencia infantil. A veces pienso, me gusta pensar, que hay una relación directa entre la inocencia y la luminosidad que desprendemos.

Hace poco vi una película mexicana sobre unos niños que migran con su madre desde México a Albuquerque, en los Estados Unidos. La mamá debe salir a trabajar cada día, mientras ellos la esperan en el oscuro cuarto de un destartalado y sucio motel. Ellos tienen un decálogo de prohibiciones y una promesa, la de visitar un día Disneyland. Naturalmente, los niños transgreden las normas que su mamá les dio, y pintan, por ejemplo, las paredes del cuarto. Hacen dibujos, se dibujan a sí mismos y dibujan una bombilla. Y entonces el director de la película, Samuel Kishi, procede a animar los dibujos, a hacer que los personajes se muevan, y los dos niños saltan dentro de la bombilla para habitar la luz, describiendo ese salto como el paso a la libertad y a la felicidad.

Cuando uno contempla el lienzo de la noche con las miríadas de destellos claveteados en él, sabe que, en el comienzo de todo, la luz fue esclava de esa negra opacidad, y que su liberación hizo al mundo, o mejor dicho el mundo es la misma luz. El negro telón indescifrable agujereado en esos puntos de luz nos plantea los grandes interrogantes sobre nuestra existencia: ¿qué somos y qué hacemos en ese escenario de impenetrable inmensidad? Estoy convencido de que sólo la luz nos guiará en la búsqueda de una respuesta a esas preguntas.

Algunos artistas han querido encañonar la luz, forzándola a que exprese enunciados que nos acerquen la anhelada respuesta. Pienso ahora en ciertas obras de Nancy Holt, los cilindros de cemento dispuestos en el desierto de Utah, persiguiendo atrapar todos los rayos solares; o en las constelaciones de estrellas evocadas por Irene Dubrovsky con sus obras en papel y sus instalaciones que quieren leer el universo. Pero el relato bíblico es el ensayo decisivo para ese acercamiento.

Dios es luz, y la creación, un derramamiento de su luz. «Fiat Lux» significa que al hacerse la luz el mundo existe. El mundo es luz. Fuera de la luz no existe nada. Es la misma nada que anonada o que aniquila todo al sepultarlo en oscuridad y lo arroja fuera de la existencia. «Hágase la luz», dice el Génesis, «y la luz se hizo». La luz es fe de vida.

Por eso la única queja que pongo a la existencia es que no se acabe con la disolución del cuerpo en la luz, es decir que la muerte no sea un proceso de descomposición luminosa. Nuestro lastre orgánico dicta un proceso de corrupción al final de la existencia, en lugar de entrar en un proceso de dispersión radiante como ocurriría en el caso de que nuestra física fuera ondulatoria.

La historia de la luz debería arrancar, sin embargo, con el primer rayo cósmico, ese que lo desencadena todo, hasta terminar en el rayo láser y las redes de fibra óptica, sin olvidar pasar por el descubrimiento y uso del fuego por parte del ser humano, y, sobre todo, por la invención de la luz artificial, el descubrimiento de la electricidad, Thomas Alvar Edisson y su kinetoscopio, y los hermanos Lumière (¡los hermanos 'Luz'! —lumière es luz, en francés—) y la invención del cine.

Sabemos que vivimos sobre la boca cegada de un inmenso volcán. El núcleo del planeta es una gigantesca caldera, en permanente movimiento, en constante agitación, pura incandescencia que a veces irrumpe en la superficie por los pequeños poros que son los cráteres de nuestros volcanes geográficos. Antes de hacer fuego, los seres humanos lo vimos abrirse paso como una herida de la misma tierra sobre la que pisamos. Era la llama de las entrañas de la tierra.

En la secuencia de la búsqueda permanente de la luz se revela el vigoroso ingenio del ser humano: de la primera combustión de leña seca a las velas de cera, pasando por las antorchas de grasa animal que alumbraron las obras de los artistas de Altamira o Lascaux, o las lamparillas de aceite vegetal y las bujías con mechas de amianto que acompañaban a las vestales en su mantenimiento del fuego sagrado en Roma, el itinerario está lleno de astucia y tenacidad.

El cine es el invento humano para contar historias con la luz. Y la televisión y las actuales pantallas móviles, el prodigio luminoso que coloca en nuestro bolsillo esa vida artificial en conexión con la existencia. Ese destino mágico se le tenía reservado a la luz desde la caverna de Platón, y alcanza su grado máximo en los parques de Disney que existen en el mundo y en las nuevas luminotecnias para montajes teatrales y musicales que hechizan a sus espectadores. La imaginación y la imaginería humanas se agotan, se exprimen, para crear los espectáculos más fascinantes que el ojo del hombre pueda contemplar fuera de la naturaleza.

Nuestra mitología lo explica así de bien. Y la etimología aún mejor, porque dios y día vienen de un término indoeuropeo transportado por el latín que significa 'luz', lo que brilla o resplandece. En algunas lenguas romances, como el español, diurno o «ser de día» alude al periodo de tiempo en que hay luz solar, entre el alba y el crepúsculo. En las lenguas germánicas la palabra actual que significa 'día', como el alemán *Tag*, deriva de una raíz que la emparenta con el calor, con lo que caldea. Ojalá nuestras vidas sean un espectáculo de luz y calor.

Será la prueba de que lo pasamos bien, al lado del origen del mundo, de su lado bueno.

Aquellos hombres primeros que fueron dando nombre a las cosas identificaron a los astros que brillan en el cielo con los dioses. El sol es dios, y todas las constelaciones son la expresión fijada en el firmamento de los mitos que los griegos nos legaron. El disco solar se impone por su propia majestad a la precariedad de los hombres. Se le erigen templos, se le rezan oraciones: Sol omnipotente, alma del mundo, poder del mundo, luz del mundo. La iconografía renacentista lo representa antropomorfoseado, con cuerpo humano y rostro irradiante. Los niños lo colocan en una esquina de sus dibujos. A Jesucristo se le hace nacer el 25 de diciembre, que es cuando el sol austral aparece de nuevo en la Antártida en la que el almirante Richard Byrd, como veremos más adelante, vivió seis meses sin su luz. Es la manera en que el cristianismo sustituye al gran dios pagano. Y el sol de justicia que hoy utilizamos para señalar una cierta inclemencia del clima fue en la historia de las religiones la imagen de un dios con significado literal, que inflama su rostro severo de juez supremo para calcinar la tierra y abrasar a los hombres por sus maldades.

Helios es ese dios que arde en llamas, todopoderoso en su incandescencia, dulce y delicado y apocalíptico al mismo tiempo. Las imágenes del nuevo dios cristiano que lo va a sustituir hereda su formato representativo. Jesucristo resucitado se presenta con un círculo de haces luminosos en torno a su cabeza. Ese nimbo acompañará en adelante a toda figura divina o espiritual y lo hará como el símbolo reconocible de su ascendencia.

Las nuevas construcciones teológicas irían finalmente más lejos que los viejos mitos, e inventarían la luz espiritual y a los personajes encargados de portarla y transportarla entre el divino foco irradiador y los seres humanos. Esos personajes son los ángeles, cuya mediación es esencialmente luminosa.

En la Edad Media los hombres erigían catedrales góticas para apresar la luz-dios que acopiaban pigmentada a través de sus vitrales. Los fabulosos puzles de colores de sus rosetones, estratégicamente ubicados, subrayaban los hitos en la liturgia diaria del sol-dios. En el siglo XX, el invento del cine hizo que la tecnología operara como un deus ex machina material para contar historias humanas con haces de luz. El hombre creyente se dejaba traspasar por la magnificencia divina en aquellas catedrales medievales. El hombre moderno podía recrearlo en el cine.

Eso, por lo menos, es lo que le pasó al poeta francés Max Jacob.

Max Jacob fue uno de los poetas más pobres de su siglo, de un siglo donde poeta y pobre eran pura tautología. En 1909 contempló una visión en el cuchitril de Montmartre, donde vivía en París. Se agachó a recoger sus zapatillas debajo de la cama, y al levantarse vio proyectada en la pared de la habitación, como si fuera una película, la imagen de un ángel, al que él llamó Jesús, y que vestía un peplo de seda amarilla con adornos azules. Inmediatamente, un rayo surgido de aquella imagen amarilla y azul, como una centella rebotada en la pared, desnudó al poeta.

Volvió a tener otra aparición años más tarde, pero esta vez ya directamente en un cine. Un espíritu radiante surgió, con una fuerza que sólo podía ser divina, en la pantalla del cine ya de por sí iluminada por el foco del proyector cinematográfico, mientras veía una de las primeras películas de la historia.

Esas dos experiencias ópticas y espirituales, que algunos amigos, como el pintor Pablo Picasso, achacaron al consumo de éter, condujeron a Max Jacob, que era de raza judía, al catolicismo.

Si hasta Dios es luz o, más bien, si la luz es dios, entonces es complicado hacer el elogio de la luz, porque la luz tiene ya todo el prestigio ganado. La luz tiene excelente prensa. Para señalar que alguien sobresale del resto se dice que «brilla» o que es una «mente brillante». Para explicar que alguien posee una personalidad especial se dice que tiene «una luz interior». Que alguien tiene «luces» o que es «una lumbrera» significa que es inteligente. «Lucirse» es lo mismo que ejecutar algo de la mejor manera. La lucidez permite contemplar las circunstancias con claridad y actuar bien en consecuencia. Todos los colores de la vida son luz. Las tinieblas tienen la peor imagen, porque representan la ausencia de la luz. Príncipe de las tinieblas, se le llama al diablo. En las tinieblas reside la mayor amenaza de la nada, de la inexistencia y de la muerte.

Tener las ideas claras, expresarse con claridad, ser alguien ilustrado, todo eso remite a la luz. El gran momento del pensamiento europeo es la Ilustración, o como los franceses lo llamaron Le Siècle des Lumières, el Siglo de las Luces, la explosión de la filosofía europea, en la que convivieron más pensadores por hora y metro cuadrado que en ningún otro periodo de nuestra historia europea.

La lámpara que atrae a las polillas, el faro que guía en el mar, Nueva York, ejemplo de ciudad rutilante a la que migra el talento, sin la luz no serían nada.

Si quieres llamar la atención, enciende una luz. Los profesionales de la publicidad lo saben muy bien. Pon la luz más intensa que puedas en un local, y lo llenarás como esa lámpara que atrae a los insectos. No es sólo que los ojos quedarán prendados de esa penetrante luminosidad, sino que atraerá a los cuerpos, que querrán vivir en esa luz.

Una vez estaba en el casco histórico de la ciudad alemana de Düsseldorf. Altstadt lo llaman. Caminaba por una de sus estrechas calles al atardecer. Pasé entonces frente a un bar por cuya puerta salía un deslumbrante resplandor. Así que entré curioso por saber a qué se debía aquella potente luz. Si la luz del sitio era enceguecedora, no menos atronadora sonaba la música allí. El volumen era tan alto que los que allí estábamos no podíamos hablarnos, porque nadie era capaz de hacerse escuchar por encima de aquella música. Así que nos mirábamos. No hablábamos y sólo nos mirábamos. La luz más cruda que yo recuerde jamás nos desnudaba, como al poeta Max Jacob, deshacía nuestra opacidad en una atmósfera irreal como un cuento de ciencia ficción. Unos potentes neones blancos por toda la sala generaban ese raudal que lo llenaba todo. Sonreíamos y dábamos sorbos a nuestras botellas de cerveza, también disueltas en la luz.

Por eso al ser humano le fascina todo lo que puede refulgir, como los metales preciosos o la ciudad de Manhattan: todos esos rascacielos encendidos como si fueran gráciles bloques de oro al atardecer es una de las imágenes que uno puede adorar gracias al ingenio de nuestra especie. Llegando en avión a Londres por la noche, uno queda embobado ante la magnitud del territorio encendido, ni siquiera abarcable desde el aire, un universo de farolillos de la fiesta más alegre del mundo.

Los matices de la luz: un cielo luminoso mientras nieva, el arcoíris, un relámpago con su reflejo en la nube, una lluvia de estrellas o la carrera de un cometa, una colonia de luciérnagas, los focos de un estadio, las luces de discoteca, de esas bolas que descomponen la gama de los colores y los difunden por una sala oscura… La luz se rompe en mil destellos al incidir el sol en las copas del banquete, los reflejos de los zapatos de charol centellean como chispas de incendios pequeños, las pantallas de las lámparas de pie refulgen como hornos, en los lóbulos de las mujeres y en sus cuellos brillan como estrellas pequeñas joyas que compiten con los astros de verdad, ahora que se ha hecho de noche. Los recuerdos felices de mi boda se me presentan como llamaradas, ninguna tan intensa como la cegadora blancura del traje de la novia.

Parte de lo que somos lo somos porque somos sensibles a los colores, que nos producen un sentimiento de júbilo y de expansión. El ser humano creó desde temprano un código para expresarse con los colores, con la luz y con su ausencia, la sombra. A ese código le llamamos pintura, arte visual, arte de la pintura. «El arte es la mentira que nos ayuda a ver la verdad», parece que dijo un día inspirado Picasso.

A menudo se confunde la luz con la transparencia que la deja pasar. Sería lo mismo si, mediante nuestra experiencia, no deshiciéramos el equívoco que puede producirse entre el retazo de nube que se recorta contra el cielo azul y el cristal de la ventana a través del cual lo vemos.

Parece que la transparencia fuera esa cualidad primera del espacio que existe entre los objetos opacos y que permite diferenciarlos. Es lo primero que se ve y la condición para que se vea lo demás. Al mismo tiempo, es el pegamento que hace coherente la visión. La facilita y la aglutina, produciendo el entendimiento de lo que se ve. Ignoro si alguien lo formuló así, pero yo diría que la transparencia es una cualidad de la luz misma, capaz de modificar el medio en el que discurre entre nuestros ojos y los objetos. El espacio vacío se hace diáfano a nuestra visión gracias a la cualidad de la luz de transparentarlo. De manera que la transparencia es la base de nuestro campo de visión que queda limitado por la existencia de objetos no porosos, impenetrables para la potencia radiográfica de la luz y, por lo tanto, de nuestra mirada.

La opacidad está en el origen del desarrollo de nuestra imaginación. Dicho así puede sonar esotérico. Me refiero a que un cuerpo no poroso hace invisible lo que está detrás o dentro de él. Y es la curiosidad del hombre la que dispara y desarrolla su imaginación para proyectarse mentalmente una visión de lo que físicamente no puede ver. Imaginar consiste, pues, en reproducir por vía mental lo que no puede verse por vía material. Es una de las maneras humanas de sustraerse a lo invisible, a lo desconocido y a lo oscuro, y de llenar el mundo de posibilidades (escenas, objetos, seres…) perfectamente iluminadas. La poesía, la música y el humor forman parte de ese mundo de posibilidades y constituyen la luz de nuestra vida interior.

Mientras que el sol muestra todo cuanto se puede ver, la luna y las estrellas parecen mostrarse sólo a sí mismas, como objetos únicos de un firmamento obstinado en su oscuridad. El sol se integra en la realidad que ilumina: es el dios de las cosas sensibles, como lo llamaba Platón, y nosotros somos como motas agitándose en sus rayos. La luna se enseñorea en su soledad, hace ostentación de su independencia: eso enardece la inspiración de los poetas. Siempre hubo más misterio en la luna que en el sol. Sin embargo, sabemos que la huella de la luna es satelital, y que su luz no es suya.

Los antiguos griegos lograron imprimir visibilidad a un cuerpo opaco. Se trata del espejo, que no nos permite ver lo que hay detrás, pero sí lo que está delante, gracias a la propiedad reflexiva de la luz y de los metales bruñidos o del azogue de que está hecho. El espejo reproduce una situación de la naturaleza, cuando algo o alguien se asoma a un cuerpo más o menos opaco y reflectante, como la superficie del agua de un lago, por ejemplo. El espejo hace objeto de la visión a aquel mismo que lo está mirando. Pero lo más importante es que representa el combate de la luz contra la opacidad, un episodio más de sus ardides para evitarla, bordeándola con magníficas aureolas, una prueba de su perseverancia para ocupar los menores resquicios.

Entre junio y julio tiene lugar el triunfo despótico del sol. En esa época no hace sombras, como un ejército cruel no hace prisioneros. Su imagen se desparrama de forma ampulosa, caldeando la tierra, secando el aire, dorando las mieses hasta convertirlas en oro reluciente.

En los países del sur nos defendemos de la luz dentro de las casas con persianas compactas, y tupidos toldos. Los necesitamos para dormir con una oscuridad no dudosa, o para defendernos del calor. En los países del norte las ventanas de las habitaciones carecen de cuarterones y persianas, se construyen anchas y altas, con la avaricia de no desperdiciar ni un rayo de sol. En el norte es difícil dormir.

A veces no queremos luz. A veces la luz alumbra una realidad que nos desagrada, que hubiera sido preferible no alumbrar. Hay luces que nos ciegan. El sol del mediodía o un destello que se dispara desde un metal pulido o el foco de una linterna apuntado a nuestros ojos o el chisporroteo de una soldadura a lo lejos. El choque con la luz directa, con su formato agresivo, puede herir como un golpe de lanza en la cabeza.

El sabio más grande que yo conozco en relación con la luz es vietnamita. Se llama Trinh Xuan Thuan y nació en Hanoi a mediados del siglo xx. Aunque no es poeta, ni músico, ni siquiera humorista, lo que hace posee una naturaleza bien lírica y melodiosa y, en consecuencia, plena del mismo júbilo, de la misma risa alegre que producen la buena diversión y la belleza. Se dedica a descubrir galaxias, y hace veinte años publicó el libro más completo e interesante que se conoce sobre la luz, *Los caminos de la luz*, un compendio de mil páginas que no descuida ninguno de los aspectos del fenómeno. Sólo los poetas y los pintores se han dedicado a la luz con el mismo asombro que los físicos. Trinh Xuan Thuan engrosa la lista de los físicos eximios que se embobaron con la física y la metafísica del claro-oscuro y descubrieron su naturaleza: Kepler, Grimaldi, Huygens, Newton, Young, Maxwell, Planck o Einstein.

Ahora salgo, me voy de viaje. Voy a volar. El ala del Airbus en el que me he montado recoge el impacto del sol y lo eleva contra las nubes y lo proyecta luego hacia abajo. El hombre encargado de recoger los equipajes en la pista ha enganchado la carretilla a su pequeño tractor, que ha sufrido la herida fulminante del sol en forma de destello rebotado, y ha cuidado que todo estuviera alineado con las señales de las pistas del aeropuerto, como si su trenecillo lleno de maletas fuera a discurrir por raíles fijos. Luego se ha mantenido a la espera. No se puede contradecir la geometría del tráfico aéreo ni siquiera cuando el avión está en tierra. Sólo cuando ha tenido la señal de la torre de control ha arrancado con su cargamento de vida efímera, esos paquetes de prendas y de pequeños utensilios para un rato urgente de existencia. El día declina con los rayos rojos de nuestra estrella tumbándose sobre las pistas, de las que emana un vaho de tornasol. Cuando despegamos y sobrepasamos el colchón nublado, se presenta en toda su opulencia un cuadro crepuscular: una franja horizontal en el confín del mundo resplandece entre dos regiones, una blanca y algodonosa, y una celestial y envolvente, como la imagen más acabada del infinito.

2

NO HAY LUZ SIN SOMBRA

No hay luz sin sombra, y al escribir esto es como si estuviera hablando de la mayor amenaza para la esencia del ser humano.

La sombra es esa oscuridad que un cuerpo proyecta sobre otro cuerpo, o a veces sobre sí mismo. De ahí que un mismo ser pueda tener una parte clara y una parte oscura, una parte luminosa y otra de sombra. A veces la sombra no es más que una porción de materia invisible dentro de un cuerpo visible. En español decimos de un individuo que «tiene buena sombra» o «tiene mala sombra», como si la sombra fuera lo peculiar de una persona, lo que lo individualiza.

A mi amigo Pepín no le iban bien las cosas en los años ochenta del siglo pasado. Su mujer, que vivía más en la creencia que en la ciencia, y que era asidua de echadoras de cartas y de lecturas esotéricas, arrastró a mi amigo a la consulta de una vidente. Todo resultó tan aséptico como si en realidad hubieran visitado el consultorio de un psicoterapeuta. Con frases de psicóloga aficionada, la mujer le diagnosticó a mi amigo una sombra. Sí, mi amigo albergaba una sombra en su hombro izquierdo, más bien en la zona alta de la espalda. Esa sombra maligna influía de manera determinante en su vida, y la torcía, de modo que la llenaba de contratiempos, de conflictos y, claro, también de dolores. Porque ¿le dolía esa parte del hombro, no? Mi amigo, que se había limitado a enumerar algunos episodios de su mala suerte en el terreno laboral como pretexto para la visita, se asombró de que aquella mujer hubiera adivinado aquel achaque de su espalda que casi nadie conocía y que él llevaba con resignación. Entonces la mujer le prescribió desalojar aquella sombra (malasombra, habría que decir) de su cuerpo haciendo gimnasia y rezando una serie de oraciones. Ese tratamiento sería más efectivo y rápido si lo acompañaba con la ingesta diaria de unas gotas de un preparado que ella hacía. La consulta era gratuita, pero si querían el preparado, debían adquirirlo. El preparado tenía precio de diamante, pero mis amigos lo pagaron en aras de la pronta recuperación de Pepín.

El hombro oscuro que le diagnosticaron a Pepín es como la sombra de Jung, la sombra que nos acompaña como parte nuestra, y de la que más vale hacerse cargo, escrutar su densidad variable, atender a su precipitación o preocuparse por su ausencia.

Y qué decir del miedo de los niños a la oscuridad. Está alimentado por su instinto de no abandonar la luz a la que nacieron a la vida, por la memoria de un orbe opaco, anterior a su presencia en el mundo. Luego, según va pasando el tiempo, el hombre adulto, por olvido, se va acostumbrando a la noche, a la falta de luz.

De niño yo amanecía a los rayos de sol que se filtraban entre las rendijas de la persiana veneciana que cubría la ventana de mi cuarto sumido en la oscuridad. Esas franjas luminosas como pobladas por las mil partículas que habitan el aire, tan rectamente trazadas, tan regulares en su superficie etérea, me proporcionaban un rato de jubiloso ensimismamiento entre toda una región de sombras.

Normalmente despertaba de sueños increíblemente intrincados, en los que experimentaba aventuras de una intensidad que la realidad nunca me proporcionó: el inmenso placer de volar; la angustia de ser perseguido; el cumplimiento de una corazonada; todo tipo de amenazas imprecisas o de placeres inusitados; encuentros con seres de una imperturbable abyección o de una ternura más allá de lo soportable… Y no sólo las vivía, sino que las veía. ¿De dónde viene la luz que proyecta nuestros sueños? ¿Se proyecta sobre nuestro cerebro o directamente sobre nuestros ojos? ¿O más bien, como pensaba el filósofo Demócrito, está hecha a base de las emanaciones —átomos, los llamaba él— de los objetos que nos rodean durante la noche?

A veces la luz posee también una consistencia de sombra. El sol de escasos watios que hay en los lugares nórdicos da esa impresión de alumbrar poco. Claro que no tiene, ni mucho menos, la violencia de la luz sureña, pero tampoco su alegría. Y su calor tibio se corresponde con su baja intensidad. Se trata de una luz que apenas proyecta sombras, porque ella las contiene todas. Nada que ver con la sombra buena, la sombra salvadora, la densa, la fresca, en los momentos más duros de los estíos de la Meseta o de la costa mediterránea.

La sombra mayor es la de la luz cegadora, esa que te puede dejar a oscuras de tan intensa, la que deslumbra, la que hace que caigas del caballo. Hay que cuidarse de esa luz, aprovecharla como calor, verla, sí, pero al tamiz de nuestros párpados cerrados, disfrutando de su ardiente tonalidad naranja. Yo lo hago cada verano en la playa. Me tumbo boca arriba y dejo que la luz omnipresente me invada, penetre por mis poros en su forma más espiritual, y la recibo también en mis ojos, con mis párpados cerrados.

En otro orden de pensamiento, la libertad humana sólo es concebible en medio de la luz. La oscuridad es impeditiva; la claridad es impulsiva. Por eso, de manera castiza, en español «estar a la sombra» es estar encerrado, en la cárcel, sin libertad. Si no «estás a la sombra», la luz te ofrece los mayores espectáculos del mundo, y los más baratos: no cuestan nada. Es gratis, por ejemplo, el amanecer en la ciudad, el avance de los blancos lechosos por el tiempo temprano, el momento en que se entibia la atmósfera y los perfiles de los volúmenes van apareciendo, arrancándose de la tiniebla.

Hay quien disfruta con el alba, con el retorno de la luz, el final de la noche que se disuelve con un leve resplandor que no descubre aún los colores, que deja al mundo en la indefinición. O con el episodio posterior a éste, el de la aurora, con el sol tiñendo de rojo los perfiles de las cosas que instantes antes no existían.

Tal vez el momento más dulce de los días de verano sea ése en el que el mar de los veraneantes refleja la luz del sol en el instante en que comienza a declinar, cuando se sitúa justo una cuarta por encima del horizonte y va bajando. Toda la inmensidad marina que abarcar la vista pueda despide entonces un resplandor de ensueño, la superficie completamente quieta presenta el aspecto de una lámina de metal con distintos acabados: mercurio, plata, plomo, platino, oro. Fundidos dan el color con el que yo pinté la casa de Regina, que por un tiempo fue también mi casa.

Antes tuve que diseñarla y construirla. Dicen que es mi mejor obra, la que me consagra como arquitecto. Ha llamado la atención de algunas revistas especializadas y de algunas agencias de publicidad, que han grabado spots en ella.

Mi secreto es que puse la luz en ese recinto, atrapé la luz que también es la del acantilado sobre el que se soporta, una luz mediterránea, una luz que es una cultura, una respiración. A todo eso abrí esta casa, a los cuatro puntos cardinales con sus distintas melodías luminosas que vienen del mar y del cielo y de la intensidad del sol y de las candelarias nocturnas.

La caverna de Platón, en cuyo interior se reflejan las sombras del mundo real, es la metáfora de que podemos vivir en un mundo de ilusiones, de sucedáneos y de falsificaciones. Lo esencial y lo verdadero proceden de la luz.

Pero hay muchos que quieren vivir en la caverna. Hay verdaderos enemigos de la luz, adoradores de la tiniebla, oscurantistas acérrimos. Suelen tener una visión de futuro negra, porque en realidad se sienten fastidiados con lo nuevo, con el cambio, con la pérdida de las tradiciones. Su misoneísmo, su odio a la novedad, va en consonancia con su combate de lo que la Ilustración ha supuesto para la cultura y la vida europeas. A veces su forcejeo sólo tiene la escala de una defensa de la fe cristiana, pero en el fondo pelean por privilegios, iluminaciones aristocráticas que ya solo pueden acaecer en un mundo antiguo. No siempre se trata de personas sin conciencia; al contrario, la mayoría de estas luchas se libra por ilustrados que quieren instalarse en una estela histórica, de manera que con su combatividad defienden más su estirpe, las biografías de sus antepasados, que su respetabilidad actual, disculpan las represiones del pasado tanto como se oponen a las libertades del presente, son condescendientes con los valores esclavistas del Antiguo Régimen, pero inconformistas con las ideas liberadoras actuales, en las que no ven sino estupidez y maldad.

Tal es el caso de mi amigo JJL. Él pretendió en vida ocupar la cátedra de una nobleza espiritual que el presente moderno vilipendia. Como todo aristócrata, aunque él sólo lo fuera «del alma», se oponía a la democracia y a la luz. Amaba la niebla (la niebla de la meseta castellana en torno al Duero) y la penumbra de los templos románicos. Y amparado en esa simplicidad, que era una emoción disociada de sus prójimos contemporáneos, juzgó de manera inmisericorde, injusta, nuestro tiempo. Lo animó la amargura del que ha perdido algo porque considera que se lo han quitado. Esa desposesión fue su carburante, no el que se disolvieran los ideales más retrógrados del clericalismo español, que también, sino sobre todo un sentimiento que le afectaba personalmente, un egoísmo de hijo que ve en la nueva realidad social una severa sanción a la época y la conducta de su padre. Su escritura (léanse, sobre todo, sus diarios y sus ensayos) se llena entonces de anacolutos y enlaces sintácticos de imposible seguimiento lógico. Se hace delibe-radamente ambigua y abstrusa. Es un buen hijo, pero un pésimo escritor.

A JJL se le podría aplicar la frase de Nietzsche (a quien él combatió tanto): «El elemento esen-cial en el negro arte del oscurantismo no es que quiera oscurecer la comprensión individual, sino que quiere ennegrecer nuestra imagen del mundo y oscurecer nuestra idea de la existencia».

De alguna manera, ese oscurantismo echa abajo toda la alegría que pueda existir en nuestras vidas, o al menos lo intenta. Disfrazado de bondad, de una luminosidad inocente, no quiere sino nues-tra tristeza y nuestra depresión. Todo lo que es cívicamente placentero, lo que es humana y pacíficamente disfrutable lo degrada como animalidad, mientras arma su brazo ético con la aspiración a una trascendencia supraterrenal y se adorna con virtudes que en realidad no auspician sino el dominio del hombre por el hombre.

En cierto modo JJL fue un predicador oscuro, alguien volcado en la transmisión de la vieja doctrina eclesiástica que había dominado las conciencias del mundo occidental desde la alta Edad Media. Por eso muchos de sus cuentos y novelas se esfuerzan por recrear el patrón de las parábolas evangélicas o la factura (cuando no el contenido mismo) de las historias del Viejo Testamento. Subido al púlpito de sus trabajos en la prensa o de sus «creaciones» literarias, su obra tiene la dimensión de un enorme y muy roído sermón, a veces de difícil o imposible exégesis, semejante en todo a las deslucidas homilías de los curas católicos. Estudioso de los cambios en la Iglesia, fue testigo del abandono de la fe por parte de enormes masas sociales a lo largo del siglo XX, lo que reflejó como problemática individual en los personajes de sus obras.

Las religiones más aceptadas explican el mundo de dos maneras: una amenazadora y otra salvadora. Para resultar amenazadoras crean mitologías, esos relatos de un estadio infantil de la humanidad, en los que quedan bien reflejadas las luchas entre las fuerzas primarias del universo. De ese sombrío horizonte de inestabilidad y alta tensión te salvan la obediencia a ciertos preceptos (a veces sensatos, a veces antropológicamente comprensibles) y la pertenencia a una grey. En la cúspide de esa construcción de pensamiento se sitúa una creencia: la fe en un ser todopoderoso, pero invisible, máxima inteligencia de todo lo que existe.

Naturalmente lo que genera inmediatamente un edificio ideológico de tal calibre es un sistema de vicarios y representantes de esa autoridad invisible junto con un insalubre rosario de supersticiones. Al conjunto lo hemos llamado Iglesia.

Como sabemos, alrededor de ese sistema surgieron las élites que administraron durante siglos los asuntos espirituales y los asuntos civiles en Europa. JJL reivindica la superioridad de esas élites, propone su *aggiornamento*, y se arroga la antigua soberanía de la mismas para dictarnos que nuestra vida moderna es una vida indigna de ser vivida.

Toda contemplación de «las gentes humildes» que JJL lleva a sus obras, con sus dramas y sus regocijos, tiene por sentido clavetear el viejo orden en el ataúd de sus existencias como su única tapa moralmente viable, y que no es más que el restablecimiento del viejo orden económico, la proyección de la dialéctica del amo y el esclavo.

Cuando el hombre consigue dominar el fuego, encenderlo y apagarlo a su antojo para hacer luz en la oscuridad de la noche prehistórica, el paso adelante de la humanidad es tan grande que el resto de descubrimientos científicos hasta nuestros días es nada comparado con aquel. Es el descubrimiento de que la luz viene de lo que arde o de lo incandescente. Aunque el fuego es un elemento natural, el hecho de que el hombre lo pueda manejar a su capricho o a su necesidad, convierte su efecto luminoso casi en algo artificial, manipulado por el ser humano.

Pero el hombre no abandonó la edad de las tinieblas vacilantes y que generan sombras amenazadoras hasta hace apenas ciento cincuenta años. Entonces vino en ayuda de nuestras vidas oscuras la electricidad y el desarrollo de la lámpara incandescente. Nuestra voluntad produjo el hallazgo y la invención.

Simone Weil echa mano de un cuento esquimal para explicar el origen de la luz como la cualidad ígnea que surge en nuestro espíritu cuando ponemos toda nuestra atención en algo: «El cuervo, que en la noche eterna no podía encontrar alimento, deseó la luz y la tierra se iluminó. Si hay verdadero deseo, si el objeto del deseo es realmente la luz, el deseo de luz produce luz».

La misma tenacidad que desprende la solicitud de luz por parte de la humanidad presenta un paralelo con la aspiración de uno cualquiera de sus individuos a la luz del conocimiento. Simone Weil lo expresó en términos de experiencia trascendente de esta manera: «El deseo de luz produce luz, hay verdadero deseo cuando hay esfuerzo de atención.

Es realmente la luz que se desea cuando cualquier otro móvil está ausente. Aunque los esfuerzos de atención fueran durante años aparentemente estériles, un día, una luz exactamente proporcional a esos esfuerzos inundará el alma. Cada esfuerzo añade un poco más de oro a un tesoro que nada en el mundo puede sustraer».

Con ese oro que brilla estamos a cubierto de cualquier agujero negro, de la tiniebla, del oscurantismo, ya que sólo generamos el ardor de la pasión y del amor. Es como el deseo ascensional de los seres dotados de clorofila y que se alimentan de luz. En la cumbre de ese deseo nos espera la claridad prístina que disuelve el empeño de otros de sepultarnos en la oscuridad. A eso es a lo que los budistas llaman iluminación.

En realidad, los agujeros negros son prisiones de luz, espacios en los que la luz está bloqueada, sin existencia o, mejor dicho, con una existencia potencial. Son el resultado del colapso masivo de una estrella, crimen, ése de la muerte de una estrella, por el que la luz queda perpetuamente condenada a residir en el oscuro calabozo de un agujero negro.

Escribo en la época del telescopio espacial James Webb, justo cuando éste acaba de enviar a la Tierra imágenes nunca vistas de paisajes siderales jamás contemplados de esa manera por un ojo humano. En esas fotografías asiste uno al espectáculo de resplandores y fulgores, reflejos y claridades de textura variada y en una combinación de fantasía que el científico sabe que es sólo una infinitesimal parte de la belleza del universo. Y todo ese prodigio se soporta sobre un telón negro que uno adivina inconmensurable. Concebimos la infinitud del universo más en razón de ese espacio oscuro que por los fenómenos visibles que, como en un teatro majestuoso, flotan en él.

En distancias que el entendimiento no puede entender, juegan esplendentes nebulosas, que se alzan como cordilleras en la nada, con perfectos remolinos galácticos salpicados de miríadas de focos, cuyos distintos brillos componen una inquietante sinfonía de la destrucción natural.

Emanaciones gaseosas de colores para los que no hay nombre se disipan y condensan como si fueran las polvaredas relucientes que unas fuerzas monstruosas levantan con sus pasos delante del anfiteatro más vacío que uno pueda imaginar.

Esa falta de lenguaje para describir las nuevas realidades siderales me llena de temor y de ansiedad: no hay mayor señal de perturbación ante lo desconocido que no saber o no poder nombrarlo.

De lo que no cabe duda es de que la luz no se ve igual en todas las partes. En los desiertos de la tierra su apariencia es plana y dominante, aunque vibre por el calor; en las zonas septentrionales o australes, ondulada e iridiscente. Es distinto cómo se encienden los cerros al mediodía en la meseta de cómo destellan los verdes prados en los valles encajonados por montes de piedra. Son distintos el soplo mágico que los rayos del sol, como en haces que rasgan la bruma, llevan al corazón de un bosque y la manera como se irisan los resplandores en el confín de un horizonte marino.

Situémonos ante el esfuerzo de alguien por capacitar su lenguaje para definir las percepciones de una experiencia nunca antes vivida.

En 1934, el norteamericano Richard Evelyn Byrd, el almirante Byrd, se aisló durante siete meses de época invernal en la latitud más austral a la que jamás había llegado el ser humano, en la barrera de hielo de Ross, un punto a 80º 8' de latitud sur, «donde se da el frío más gélido de la faz de la Tierra». En esa latitud, se puede decir que nunca toca el sol durante el invierno. La temperatura está siempre por debajo de 50º bajo cero y la noche es, pues, casi perpetua. Byrd quería estudiar el tiempo en la Antártida continental y experimentar una soledad integral. Lo que más temía el hombre no era el frío o los accidentes. Él era un aventurero profesional y un explorador científico, curtido en el contacto con la naturaleza extrema. Lo que más temía era la oscuridad.

«Contra la oscuridad, el explorador no tiene mucho más aparte de su propia dignidad», escribió Byrd en *Solo*, el libro en el que plasmó su experiencia.

Debajo de su apariencia sólida, la Antártida está cuarteada, porque no todas las enormes masas de hielo que la constituyen, grandes como países enteros, tienen la misma densidad y se asientan de la misma manera, de forma que las que flotan sobre el agua están sometidas a los embates de brutales oleajes submarinos, que producen grietas por donde se desgajan unas masas de otras, creando orografías cambiantes, un mundo muy inestable y peligroso. Además, están las continuas tormentas de nieve, sañudas como animales salvajes, espoleadas por unos vientos que parecen ejércitos de soldados con la bayoneta calada. Pero lo más inquietante, otra vez, era la falta absoluta de luz solar.

Aún no había llegado el invierno cuando la primera noche, viviendo ya solo en una cabaña que había medio enterrado en un sarcófago de hielo con la ayuda de sus compañeros de la base de apoyo en Little America, creyó ver la primera aurora austral y, un poco más tarde, la noche despejada y hermosa: «Numerosas estrellas colmaban el cielo; nunca había visto tantas. Sólo tenía que extender los brazos para llenarme las manos de luminosas piedrecitas. Antes, una monstruosa luna roja había ascendido hasta el cuadrante norte, pero ya había desaparecido. Había estrellas por todas partes. El cielo perfecto para un marinero», escribió Byrd, «pues estaba encabezado por la Cruz del Sur y las constelaciones de Hidra, Orión y del Triángulo desplazándose lentamente sin cesar. Era un movimiento precioso. Y todo eso era mío: las estrellas, las constelaciones, incluso la Tierra según se movía sobre su eje».

Más cerca del invierno, el almirante anotó en su diario: «Una tristeza fúnebre reinaba en el cielo del ocaso. Era el tiempo entre la vida y la muerte. Así será como el último hombre verá el mundo cuando muera». Y unos días después: «Con menos de quince días de luz diurna en esta latitud, el sol era simplemente una bola monstruosa que apenas se podía separar del horizonte. Rodaba durante unas horas, oscurecido por la niebla y luego se perdía de vista al norte, poco después del mediodía. Me descubrí a mí mismo observándolo como quien ve partir a su amor». Éste fue el atardecer del

12 de abril de 1934: «Un crepúsculo sobrenatural se extendió sobre la barrera de hielo de Ross, alumbrado por llamas que subían como de un amplio pozo. La nieve ardía con color líquido».

Día a día la oscuridad va conquistando todo el terreno. Es un periodo, «en el que el día parece contener el aliento», pero en el que las tardes pueden ser tan claras todavía «que no te atreves a hacer ningún ruido por temor a que se rompa en pedazos».

La mayoría de sus descripciones poseen los ingredientes de una alucinación, de tan intensas e increíbles como son. Su libro recoge las visiones de diversos parhelios, «los más espectaculares de todos los fenómenos de refracción», una larga relación de amaneceres y anocheceres insólitos, donde el sol se levanta al mediodía, o se pone a medianoche, deslizándose pesadamente sobre un cadavérico horizonte, y el pasmo de la oscuridad total veinticuatro horas tras veinticuatro horas.

Me permito citar este largo pasaje como mues-tra: «El sol había caído bajo el horizonte y un color azul, de una riqueza que no he visto en ningún otro lugar, se extendió apagando todo excepto las ascuas agonizantes del atardecer. Al oeste, a medio camino del cénit, Venus era un diamante inmóvil y, en el lado contrario, en el este, había una brillante estrella parpadeante que se comportaba de forma exquisita, igual que Venus, en el mar azulado. Al noroeste, una aurora serpenteante plateada y verde latía y se agitaba suavemente. En algunos lugares la blancura de la barrera tenía el aspecto del platino opaco. Todo era delicado y engañoso. Los colores eran apagados y abundantes, las joyas eran escasas, el escenario era simple, pero la manera en que todo se unía mostraba la obra de un maestro. Me detuve a escuchar el silencio. Mi aliento, cristalizado según se alejaba de mis mejillas, vagaba como una brisa más ligera que un susurro. La veleta apuntaba al Polo Sur. Inmediatamente, una vez el frío detenía la brisa, las esferas del anemómetro cesaban en su suave giro. Mi aliento congelado flotaba por encima como una nube. El día estaba muriendo y nacía la noche, pero con una enorme paz. Aquí estaban los procesos y las fuerzas imponderables del cosmos, armoniosos y mudos. ¡Eso era la armonía! Era lo que surgía del silencio: un ritmo suave, el compás de un acorde perfecto; quizá la música de las esferas».

El relato detallado de estas experiencias y contemplaciones de fenómenos luminosos fue continuo a lo largo de su estancia de siete meses, siempre fascinado fuera por una luna rodeada de un monumental halo arcoíris o por el espectáculo de ciertas auroras como serpentinas carmesíes. En alguna ocasión, se produjo en él un verdadero sentimiento de sinestesia, de manera que la música que acababa de escuchar en su gramófono se acompasaba con la sinfonía luminosa que el cielo le ofrecía: «Inmediatamente tuve la ilusión de que lo que veía era también lo que oía, así que la música parecía unirse a lo que ocurría en el cielo. Según fluían las notas, la aurora apagada del horizonte latía, se avivaba y se plegaba en arcos y en rayos de luz que se extendían por el cielo hasta que en mi cénit la exhibición alcanzó su *crescendo*. La música y la noche se hicieron una, y me dije que toda la belleza era pareja y nacía de la misma sustancia».

3

¿CÓMO VEN LOS CIEGOS?

E igual que no hay luz sin sombra, como ya dije, la luz no existe sin unos ojos que la perciban y que la aprecien, porque también hay ojos que miran y no ven. Sin el sentido de la vista no hay luz. Pero la luz es también calor. Hay animales que no tienen ojos, como las estrellas de mar, pero que son capaces de guiarse en el espacio gracias a su sensibilidad lumínica, hacen de toda su piel un ojo. A los caracoles les pasa algo parecido, aunque apuesto que, en su caso, lo que sienten es el calor de los rayos solares: «Caracol, col, col, saca tus cuernos al sol», cantábamos de pequeños en las primaveras lluviosas, cuando las cunetas y las lindes de los cultivos de alfalfa se llenaban de estos seres primitivos que se mueven sobre su propio lubricante, mientras se aprovechaban de la tierra mollar por los chubascos primaverales y de los primeros rayos del sol verdaderamente cálidos, una vez pasado el invierno.

Decía Max Jacob, aquel deslumbrado, que «la humildad abre los ojos; el orgullo los cierra». Como si los ojos poseyeran una transparencia de espejo hacia dentro, sin veladuras de soberbia. Tal vez la edad, la experiencia, pueden, en vez de abrirlos, llevar un velo de arrogancia a nuestra facultad de ver.

Casi como un contra propósito a la frase de Max Jacob, san Juan de la Cruz le reprochaba una vez a un fraile que le llamaba la atención sobre un espectáculo arquitectónico: «Nosotros no andamos por ver, sino por no ver», que es casi como la réplica que el zorro le hace al Principito en el cuento de Saint-Exupéry: «Lo esencial es invisible a los ojos». El santo pequeño que fue Juan de la Cruz conocía muy bien la Biblia, y aplicaba con puntería las frases más pegadizas del libro de los libros a las situaciones más resbalosas. En este caso, trajo a colación un versículo de la Segunda Carta a los Corintios, que san Pablo escribió hace ahora dos mil años, y que dice: «Nosotros no ponemos nuestros ojos en las cosas visibles, sino en las invisibles; pues las visibles son temporales; las invisibles, eternas» (2 Cor 4, 18, en la traducción de Nácar-Colunga). Al margen de la catequesis, resulta cuando menos curioso que la expresión sea de alguien como san Pablo, que había pasado por un episodio de grave ceguera en su vida. Lo contó san Lucas en los Hechos de los Apóstoles: «Al mediodía, yendo de camino a Damasco, y cuando ya estaba cerca, Saulo vio una gran luz venida del cielo, más resplandeciente que el sol, que le envolvió a él y a sus compañeros en su resplandor. Cayeron todos a tierra y Saulo escuchó una voz que le decía en lengua hebrea: 'Saulo, Saulo, ¿por qué me persigues?' (…). Saulo se levantó del suelo y, aunque tenía los ojos abiertos, no veía nada. Conducido de la mano por sus compañeros llegó a Damasco. Pasó tres días sin ver, sin comer y sin beber».

En su gran libro *Los caminos de la luz*, mi amigo vietnamita Trinh Xuan Thuan se detiene en explicar cómo vemos. Todo tiene que ver, nunca mejor dicho, con el sentido común, o *sensus communis*, tal como se le llamaba a cierta capacidad de nuestro cerebro en tiempos del físico alemán Johannes Kepler, que lo estudió. Ese sentido orienta como es debido para nuestro entendimiento las imágenes que se fijan invertidas en las retinas de nuestros ojos. Leonardo da Vinci había demostrado, en virtud de la cualidad de refracción de la luz, que una imagen proyectada sobre una superficie plana a través de un pequeño orificio (la famosa cámara oscura) se presenta invertida. Por ese mismo principio vemos nosotros. Sin embargo, sin la descodificación de la pura proyección en la retina, veríamos el mundo al revés. Es el sentido común, justamente el sentido común, el que coloca las cosas como son. Ese llamado sentido común es nuestro sentido de realidad.

No sorprende que luego este sentido común, que está para corregir a los otros cinco sentidos, se convirtiera en el buen sentido que todo ser humano debe aplicar para interpretar cada experiencia con tino, y no deformada o vuelta del revés.

El escritor brasileño Joao Guimaraes Rosa publicó en 1964 una novela corta y deliciosa a la que puso el título de *Manuelzao e Miguilim*. Miguilim, un niño miope que está accediendo a la vida adulta por la vía rápida, es el protagonista de esa novela que se desarrolla en medio de los yermos del sertón brasileiro. El autor relata el momento en que su personaje «entra» en la realidad con una precisión clínica. El maestro de Miguilim en el pueblo se ha percatado de que el niño no avanza bien en las clases porque no ve. Él mismo se encarga de que lo examine un oftalmólogo en la ciudad. Mientras el médico va calzando en el instrumento optométrico los cristales que más se ajusten a sus dioptrías en una estrategia de afinamiento, el niño va sintiendo cómo el espacio delante de él va ganando en nitidez, va abandonando la calidad de masa borrosa e indefinida con que lo había percibido siempre. Hasta que por fin encajan en el armazón las lentes que corrigen exactamente su visión defectuosa, y entonces el mundo aparece de otra manera, los objetos tienen perfiles que los individualizan, los fondos sobre los que se recortan, la pared blanca de la consulta resalta como una entidad aparte, los rostros del médico, el maestro, la realidad se presenta con ese carácter de coherencia y definición con que los que poseen una vista sana la viven.

En la percepción de la luz se da implícita la conciencia de la realidad. Es decir, si no estoy atento, no veo. De manera que todo existe porque yo le pongo atención a su existencia. Soy yo, mi mirada, la que lo hace existir. Es decir, mi mirada hace la luz, procura una epifanía de la luz divina. Mi atención produce la revelación. Como escribió Meister Eckhart, «el ojo con el cual veo a Dios es el mismo ojo con el que Dios me ve». Porque también esa misma atención me hace presente a mí ante todo lo creado, me vuelve visible para la realidad. Es la pura conciencia de estar en el mundo.

Y no sólo vemos con los ojos: vemos también con el cerebro. Comprender la luz equivale a descifrar los secretos neuronales, los misterios de nuestros ojos y de nuestro cerebro. Los griegos antiguos concebían los ojos como órganos activos, de manera que veíamos el mundo exterior porque los ojos proyectaban rayos luminosos sobre el mismo. El mundo sólo era visible porque nuestros ojos lo alumbraban.

El argumento puede parecer pueril, propio de la infancia de la humanidad: una explicación mágica, un enunciado poético para interpretar hechos reales. Pero lo cierto es que yo he conocido personas cuyos ojos brillaban como luminarias que encendían su espacio alrededor.

Conocí a un hombre con unos ojos felinos de color amarillo. Era un contrabandista de coches. Los conducía desde Düsseldorf hasta algún lugar en el sur de España para venderlos a africanos. Los coches eran de dudosa procedencia y el hombre arriesgaba su libertad en esos viajes, porque seguramente todo era falso en relación con esos automóviles: cédulas técnicas, documentos de propiedad, matrícula, etc. Además, los tiempos no eran tan permeables como en la actualidad a la hora de cruzar las fronteras entre los países europeos. Reinhard, que es como se llamaba, utilizaba sus ojos como quien lleva dos linternas en la cara, y enfocó bien su futuro. Ya lo creo que lo enfocó bien. Nunca consiguieron pillarle en su tráfico ilegal, y acabó creando un negocio legal de compraventa de coches y camiones en Düsseldorf, donde todavía debe de seguir viviendo con su mujer y sus dos hijos, aunque él posiblemente tenga ya cerca de ciento cincuenta años, porque era mayor que yo. Con sus ojos felinos, Reinhard nos condujo muchas veces en la noche de una ciudad de la meseta castellana, donde yo le acogía, junto a Regina, en una escala de su viaje al sur. Él veía en la oscuridad.

La luz en el mundo oscuro. Así podríamos enunciar el remedo de percepción visual de una persona ciega. En casa de mis padres usábamos la expresión «de noche ciego» para referirnos a la noche cerrada, noche de negro sideral en la que ya no es posible ver bien a simple vista. Utilizábamos lo que los lingüistas llaman neutro de materia, en este caso el sustantivo noche, femenino que, por tratarse de una sustancia continua, inconmensurable en cuanto a su sustancia, en algunos usos lingüísticos de la Meseta se vuelve susceptible de concordarse con adjetivos con terminación masculina. Otros formidables inventores de lenguaje, los místicos cristianos, fueron geniales acuñando metáforas y escribieron sobre «el rayo de tinieblas».

Pero el ciego absoluto casi no existe. La mayoría de los que están afectados gravemente en su visión ven resplandores, sienten la distinta temperatura de los ambientes y, según sea más alta o más baja, pueden hacerse a la idea de estar en un sitio más iluminado o menos, incluso aunque la luz sea artificial.

Seguramente eso es así también porque, como decía al comienzo, donde hay un foco de luz hay una irradiación de calor. Luz y calor van unidos. Los rayos del sol iluminan y calientan.

Un foco de luz es, pues, siempre un foco de calor. Ni siquiera las más modernas lámparas artificiales han conseguido eliminar por completo su calentamiento.

Así que todo lo visible posee una temperatura que es variada, según los objetos, y que el individuo ciego es capaz de percibir gracias al desarrollo de un finísimo termostato, como una brújula de medir la fiebre de todo lo existente. Esa vibración térmica indica que la luz es una energía.

Así, la fiebre de un cuchillo de acero es mucho mayor que la temperatura de un terrón de tierra; el frío de un claro del bosque, mucho menor que el de una esquina urbana; la piel de un bebé, mucho más cálida que la superficie de un vidrio. Un ciego tiene seguramente un mapa térmico de su espacio exterior, lo cual le permite moverse por él con una cierta garantía (que completa con el uso de un bastón). Las aristas de las cosas son gélidas por su naturaleza divisiva, cortante; las superficies lisas son cálidas, por su carácter abierto, radiante. Si nos colocamos en un punto de la ciudad, podríamos decir que hace más calor frente a una pared que frente a una esquina.

Hoy salí de paseo. El cielo había tomado desde por la mañana su color habitual en estas latitudes, que es el del cemento; el día presentaba una cara mohína. Recordé la madrugada triste en que dejé de ser niño y me hice adulto simplemente subiendo a un autobús, abandonando la ciudad en la que había crecido hasta entonces, despidiéndome de mi madre, borrosa ya entre otras madres de otros niños que dejaron de ser niños para ser adultos de la misma manera. Estaba amaneciendo, pero sólo cuando salimos de las calles de la ciudad de la Meseta y enfilamos la carreta hacia al sur, se abrió la mañana, y el autobús no necesitó ya sus focos. Pero la luz exterior era la misma que hoy alumbraba en esta otra ciudad miles de kilómetros más al norte.

Hace más de cien años, pero aún tengo luz en mi memoria para ese recuerdo. Digo que me hice adulto de repente como Miguilim, porque el autobús tenía como destino un colegio-internado donde comencé a asumir, al igual que mis compañeros, responsabilidades de adulto. Esas etapas del camino fueron como la prueba de las lentes de Miguilim, hasta que llegamos al destino donde esperaban aquellos cristales de experiencia con que ver diáfanamente la realidad. No perdimos de repente nuestro esplendor infantil, pero sí nos fuimos opacando.

Los místicos de toda confesión han hecho de la luz una sociedad con lo trascendente, con lo sobrenatural, con dioses y ángeles. La luz determina la presencia de la divinidad en la vida espiritual. Sin embargo, el recorrido hasta vivir en esa luz no es sencillo y está lleno de renuncias del mundo. El alma se somete a una purga a la que san Juan de la Cruz en un hermoso poema simbolizó con la estancia en una noche oscura, la noche oscura del alma. Tras recorrer esa noche, sin ver, pero al mismo tiempo sin ser vista, el alma, la amada, se funde en la luz, el amado: «amada en el amado transformada».

Esa travesía de un lóbrego desierto espiritual, donde no sólo nos atacará la oscuridad, sino también la sed, también la aspereza del aire, y también el vértigo de un desamparo absoluto, de una soledad radical, tendrá un amanecer, en el que desde el horizonte recientemente negro como un pozo vendrá, haciéndose cada vez más grande, haciéndose cada vez más intensa, una hermosísima luz que acabará aclarando todo el espacio, dándole un aspecto novedoso a cada cosa que vaya apareciendo, un aspecto de objeto no usado, el aura de una realidad por estrenar.

Pero lo más fascinante de la luz es que no pesa. Así que puede flotar, o posarse sobre los objetos, estar suspendida o herir un determinado espacio. No pesa, pero cuando está presente es lo que más se nota, y hace que se note todo lo demás. La luz da carta de naturaleza real a lo que existe. Es el notario del universo: «doy fe», parece que oigamos cuando algo queda bajo la luz, «doy fe», «doy fe: existe».

Un invidente es capaz de percibir esa presencia, un invidente sabe cuándo es de noche y cuándo de día.

La materia tiene tres estados, según aprendíamos en las viejas enciclopedias de mi escuela:

líquido, sólido y gaseoso. Pero la luz, ¿qué tipo de materia es la luz? Yo creo que es sólida, sólida como esas cosas a las que hace visibles y tienen peso, sólida como los metales que más pesan, pero sólida también como los animales que vuelan.

O bien tal vez se corresponde con un cuarto aspecto de la materia: el invisible. La luz sería, pues, la materia invisible que hace visible a todo lo demás. De hecho, la luz no se ve. En el vacío es completamente oscura o no visible. Necesita de un cuerpo en el que reflejarse para, digámoslo así, lucir.

A esa materia invisible los científicos la llaman energía, porque se despliega mediante ondas y es capaz de alterar la estructura de la otra materia visible.

Como sustancia ondulatoria semejante a los sonidos, cada color posee una distinta longitud de onda y los seres humanos sólo percibimos la luz visible en una horquilla de longitud de onda que va de las 0,350 a las 0,720 millonésimas de metro.

Los llamados colores cálidos se situarían en la parte alta de la horquilla en longitud de onda; los fríos, en la parte baja.

Muchos científicos se negaron durante largo tiempo a reconocer la naturaleza ondulatoria de la luz. A quien la defendía le preguntaban cómo es posible que podamos escuchar lo que dice alguien a la vuelta de la esquina, pero no podamos verle. Si la luz fuera una onda como el sonido, debería poder dar la vuelta a la esquina, como hace el sonido, y deberíamos poder ver todo lo que ocurre en la otra calle igual que lo escuchamos. Alguien comprobó que la luz sí tuerce y gira en los recodos, pero, al girar, se encuentra con otras ondas luminosas que, en virtud de un denominado principio de interferencia, la neutralizan casi totalmente, de manera que ya no vemos nada. Ese principio está relacionado con la longitud de onda. Cuando dos haces de luz tienen la misma longitud de onda, pero su fase es inversa, la amplitud de onda de uno de ellos anula la del otro. De esa manera se demuestra la ecuación de luz + luz = oscuridad.

Ese fenómeno naturalmente es distinto del fenómeno del deslumbramiento, de la ceguera por un exceso de luz, pero se le parece. También los ojos humanos tienen un límite. No sólo existe la frontera del horror, que provoca que apartes tu mirada de lo desagradable, sino también la barrera del rayo cegador, que hiere tus pupilas y las inutiliza, como aquel que ennegreció la visión de san Pablo durante tres días.

Perder la visión, cerrar los ojos, dormir, soñar. Durante una buena parte de nuestra existencia no vemos. Los ojos se cansan de ver. El cuerpo se cansa de estar. Durante una buena parte de nuestra existencia, no estamos. Y no estando, no vemos nada. En ese estado sin estar, sólo el sueño nos da un presentimiento de vida, fogonazos, luminancias, escenas iluminadas por focos cerebrales en los que uno es espectador y actor al mismo tiempo, sujeto y objeto de la visión, como en un espejo deformado del vivir. No lo llamamos ver, porque no lo es. Lo llamamos soñar.

Dentro del inconsciente encendido donde se da el soñar, algunos dicen poder dirigir sus sueños a voluntad, o sea dirigir la mirada, mirar donde les plazca y ver lo que se les antoja. A finales del siglo XX Eduardo Jodorowsky ha seguido llamando «sueño lúcido» a este fenómeno que describió por primera vez en el siglo XIX el francés Léon d'Hervey de Saint-Denis. Quien se preste al experimento «no sólo reconocerá, en primer lugar, la acción de su voluntad consciente en la dirección de los sueños lúcidos y tranquilos, sino que pronto descubrirá la influencia de esta misma voluntad en los sueños incoherentes y apasionados. Los sueños incoherentes se coordinarán notablemente bajo esta influencia; y en los sueños apasionados, llenos de deseos tumultuosos o pensamientos dolorosos, el resultado de este conocimiento y esta libertad de espíritu adquiridos será la facultad de ahuyentar las imágenes desagradables y favorecer las ilusiones felices».

Yo mismo reconozco haberme despertado por alguna razón en medio de un sueño, por lo común placentero, y haber querido continuarlo desde esa vigilia momentánea. Reconozco incluso haberlo logrado alguna vez, es decir haberme dormido de nuevo y soñado a partir, más o menos, de donde «lo había dejado». Creo, no obstante, que lo que yo he experimentado no es exactamente un «sueño lúcido». Más bien lo que he conseguido se parece mucho al hecho de interrumpir una película que estás viendo en Netflix y reanudarla al rato pulsando nuevamente la tecla *Play*.

El sueño lúcido del que hablan André Breton y los surrealistas, y también Carlos Castaneda y el propio Jodorowsky, el sueño lúcido que soñó primero el marqués d'Hervey de Saint-Denis, es una redundancia en sus términos. Porque se trata de alumbrar lo iluminado, dirigir el foco a una zona preexistente en la luz. En realidad, todos los sueños, que son los que se recuerdan, son lúcidos porque se recuerdan, están iluminados en nuestra memoria. La irrupción de la conciencia en el subconsciente para precipitar cierto desarrollo apetecido en la secuencia de lo soñado modifica precisamente, si no lo elimina del todo, el subconsciente, que es el verdadero almacén de nuestro mundo onírico.

Al soñar, una parte de nosotros visita ese almacén pirotécnico donde se huele la pólvora de nuestros deseos y la pintura de nuestros temores, donde toda vivencia yace desordenada, amontonada con otras, criando polvo. La entidad que se adentra en el almacén del subconsciente debe de ser algo intermedio entre el inconsciente y la conciencia, y debe de ir provista de una especie de linterna, porque se adentra en un ámbito oscuro. Cuando consigue abrirse paso en ese mundo de telarañas del día y, aunque mal, alumbra los rincones del sucio almacén, anima escenas, seres, emociones, objetos con una narrativa aleatoria. Que esa entidad sea a veces más consciente que inconsciente y pueda mover la linterna a voluntad (después de un buen entrenamiento), dirigiendo el curso del sueño, no me parece descabellado.

Pero volvamos al sueño que llamamos realidad. Regina y yo jugábamos a veces a cerrar los ojos y a dejarnos guiar el uno por el otro. No recurríamos a ponernos una cinta en los ojos. Sencillamente los cerrábamos. Nos dábamos la mano, y el que veía conducía al otro. Lo hacíamos en el centro de la ciudad, donde más obstáculos pueden encontrarse cuando uno camina. Cada uno adquiría un compromiso. El que veía debía anunciar al otro que se acercaba un bordillo que había que subir o bajar, o que tenía que detenerse por cualquier razón, o que debía apartarse como le indicara, etc. El que no veía debía abandonarse sin reservas a la guía del otro, según el principio de confianza. Para el que no veía, no era fácil vencer el vértigo, ahuyentar la corazonada de un choque frontal contra algo sólido, marchar sin titubeos, acostumbrarse a la desorientación. Para el que veía, el esfuerzo se centraba en estar atento a todo ese exterior con la conciencia de cuidar de alguien, de que el radio de su visión, y por tanto de su actuación, tenía en cuenta a otro y ya no era unidimensional.

Semejante juego ilustra la ley que preside toda sociedad con futuro. Donde no rige el principio de confianza no existe sociedad. Podrá tratarse de otro tipo de comunidad, a la que yo no llamaría sociedad por su carácter inviable. Por sociedad viable, es decir con futuro, he entendido siempre una comunidad cuyo vínculo asociativo es la confianza. Y cuanto más vigoroso sea ese vínculo mejor, más feliz y luminosa será una determinada comunidad.

Volviendo al juego, el que guiaba estaba, en cierta manera, aportando luz al otro, que había depositado toda su confianza en él. Si el primero hubiera podido agarrar un puñado de luz, se lo habría puesto directamente en las manos al segundo. Y eso es lo que ocurría en nuestro juego: se producía una iluminación, una suma de cuidados y abandonos que nos llenaba de satisfacción, de manera que acabábamos riendo tontamente cuando terminábamos de jugar, tan divertidos como aparecen los personajes del cuadro *La gallina ciega*, de Goya.

Pero la luz tiene una física extraña, y uno no puede alargar la mano y tomar un pedazo de luz como se toma una fruta de un árbol. Lo primero, porque la luz está siempre en movimiento, nunca se detiene, y siempre va a la misma velocidad de 300.000 kilómetros por segundo, velocidad que no nos cabe en la cabeza. Y lo segundo, porque la luz no está sometida a una dimensión temporal, vive siempre en un tiempo fijo, o sea es eterna. Estos son los descubrimientos de Einstein a principios del siglo XX y que sustentan su teoría de la relatividad restringida. Esta teoría contempla la velocidad de la luz como un factor que rompe la relación convencional (newtoniana) de espacio y tiempo, y que constituye una barrera que ningún cuerpo en movimiento podrá sobrepasar nunca. Nunca nada podrá ir más deprisa que la luz («a la velocidad del rayo», se dice).

Y a pesar de eso, la imaginación de algunos científicos ha concebido una partícula que sí viaja a una velocidad mayor que la de la luz. La han llamado taquión, y todo lo que le concierne es inventado. De momento sólo se mueve en la imaginación de los científicos. Pero su existencia volvería ciertamente el mundo del revés, como explica Trinh Xuan Thuan en su libro. Asistiríamos a situaciones en las que el efecto vendría antes que su causa. Por ejemplo, nos comeríamos la tortilla antes de haber cascado el huevo.

Bastaría con montarse en un taquión para revertir el orden lógico de los acontecimientos tal como los vivimos en la actualidad. Así (cito a Trinh Xuan Thuan), «yo podría enviar mensajes al pasado, modificar acontecimientos acaecidos antes de mi nacimiento, como, por ejemplo, impedir el encuentro entre mis padres (como ocurría en aquella película de Robert Zemeckis *Regreso al futuro*) y anular mi propio nacimiento», es decir que mi madre no diera a luz a Carlos.

Imagina que mi presente fuera tu pasado y además el futuro de Regina, por ejemplo. Que tú estás leyendo este libro cuando eres joven, o incluso cuando eres niño, porque yo te lo he llevado desde este presente que tú no conoces. O que Regina me guiña el ojo mientras desfila camino del atril en el que pronunciará su discurso de aceptación como miembro de la Academia de Ciencias Morales de Viena, dentro de quince años que yo he convertido en mi ahora. ¿No es esa imposibilidad otra maravillosa condición de la luz, que nos aleja de la confusión y de la ceguera? La velocidad de la luz conduce a esa clase de paradojas, al tiempo que arroja un tipo de consecuencias que las revoca. Tranquiliza saber que nunca naceré antes que mi madre, que nunca veré la luz antes de la luz.

4

LA ESPERANZA Y LA LUZ

Con la luz vienen las cosas decisivas. Por ejemplo, la esperanza. De ahí el uso de la expresión «un rayo de esperanza» delante de cualquier acontecimiento que promete una mejora de la situación: un rayo de esperanza. La esperanza se irradia y la luz es su símbolo. Cuando la encuentras al final de un túnel, cuando, tripulante de un barco a la deriva, que puede ser tu vida o el Titánic, la divisas como faro de salvación, incluso cuando te deslumbra porque, si creyente, es la aparición de Dios ante ti, la luz siempre significa que hay futuro, que el futuro es posible, que la amenaza del final no se saldrá con la suya.

San Pablo lo dijo así hace dos mil años: «Todo se muestra cuando queda expuesto a la luz, y lo que queda expuesto a la luz se convierte en luz».

También puede traer el amor. *El rayo verde* es una de las novelitas menos conocidas entre las muchísimas escritas por Jules Verne. Todas las suyas son novelas de aventuras. *El rayo verde* describe una aventura sentimental. Dos jóvenes tímidos, un muchacho y una joven, sienten cosas singulares cuando están juntos, pero no acaban de saber qué significan esas sensaciones. Cada uno es capaz de percibir los latidos del corazón del otro y de confirmar cómo ese ritmo se empareja con el ritmo de su propio corazón; cada uno experimenta una turbación particular en presencia del otro, algo así como un entusiasmo entorpecedor, que les lleva a ambos a reír sin motivo aparente o a decirse frases disparatadas; cada uno piensa mucho en el otro cuando no están juntos, y a cada uno le duele esa separación, siquiera sea por unas horas o por unos minutos. La visión del rayo verde, el último rayo que el astro solar emite antes de desaparecer para dar paso a la noche, ese rayo de color verde, les descubrirá su enamoramiento mutuo. Se necesita que los dos lo vean, que los dos estén contemplando el crepúsculo a la vez, en un horizonte despejado.

«Eres la luz de mis ojos», le dice la madre al bebé, a esa misma criatura a la que ella ha dado a la luz. Así el circuito luminoso se cierra. «Veo por ti», es lo que dice la madre, sigo la senda que alumbras, porque eres luz, la luz que me guía, lo más importante de mi existencia.

Un hombre emerge bajo el cono de luz de una farola. De repente desaparece y vuelve a ser visible bajo el cono de luz de la farola siguiente. (El mundo de la mecánica cuántica, que abre la realidad a múltiples posibilidades, a veces opuestas: esto y lo contrario son factibles a la vez; esto y lo adyacente son igualmente viables; lo utópico es realizable, y lo imposible se hace probable).

La luz como brújula, su efecto de guía hipnótica en la noche y de bálsamo psicológico ante el mar que vocea una amenaza con su voz negra. El faro es un aviso de lo dulce que es la casa familiar que te está esperando después de la travesía y de que hay un punto de tierra firme cerca. Es la parte cálida, en esa dialéctica que deben mantener los hombres de mar entre la patria océano y el hogar faro. Y si el mar estuviera en calma, el faro, con su rítmica aparición, serenará el ánimo del marinero como el estribillo de una canción de cuna.

Después del diluvio, al día siguiente de la lluvia tempestuosa, las cosas saldrán de su escondite, como en las *Iluminaciones* de Rimbaud, y brillarán como joyas y se desplegarán como variopintas florecillas. A zarpazos se irán abriendo paso en la sombra, ocupando un momento virtuoso de plenitud tras la catástrofe. El día nos las devolverá más reales de lo que jamás antes las habíamos visto, como si ahora poseyeran un lugar dentro de nosotros, como si nos pertenecieran y nosotros les perteneciéramos. Al fin nos habitarán como siempre habíamos querido, y su materialidad no nos hará daño.

La luz es la única pertenencia que tendremos en este mundo cuando ya no tengamos nada.

Recuerdo la mañana en la que murió mi padre. El sol del mediodía inundaba de claridad su habitación en el hospital donde trataba de recuperarse de un ictus. De pronto el resplandor se hizo más intenso y vi cómo mi padre expiraba. Tomé su cabeza en mis manos. Todavía estaba caliente y radiante, atacada ella misma de un último fulgor.

Aunque parece que es apócrifo, viene bien traer aquí lo que fue la última solicitud de W. G. Goethe en su lecho de muerte, que ilustra cómo la luz nos es tan necesaria como el aire que respiramos. El cuarto en el que agonizaba Goethe tenía un ventanal grande como el de la habitación de hospital de mi padre, por el que se precipitaba en tromba la luz del día. Cuando daba el sol, los parientes del poeta echaban una cortina para que la intensidad no molestara al enfermo. Justo antes de expirar, estaba echada esa cortina que sumía en penumbra la habitación, de manera que Goethe se incorporó un poco y exigió con su voz del más allá: «¡Luz, más luz!» Fueron, pues, sus últimas palabras en una vida llena de ellas.

1941 fue un año de gran hambruna en España. La familia de mi madre, compuesta por el matrimonio de mis abuelos y sus cinco hijos, pequeños entonces, recibía cada mañana un panecillo por cabeza a cambio de unos vales de racionamiento que el Estado suministraba. Los panecillos, riches en la denominación local, tenían una corteza dorada como el cereal del que estaban hechos. Para mi madre, la menor de todos los hermanos, su panecillo era como una linterna que la acompañaba a lo largo de la grisura del día. En vez de comérselo inmediatamente, lo lamía. Con su saliva lustraba aún más la brillante corteza, al tiempo que aplazaba el instante glorioso de engullirlo. La espera podía durar el día entero, mientras el riche se volvía más y más encendido, más y más soleado.

Sí, cuando ya no tengamos nada, tendremos la luz. La del sol…, o la de nuestra memoria. Los recuerdos también son luz en la penumbra del tiempo, y poseen la textura de los espacios soleados.

Durante mucho tiempo, Regina y yo nos desperezamos por las mañanas con *Here comes the sun*, la canción de los Beatles. Nuestra casa de la costa se dejaba invadir por los potentes brazos del sol mediterráneo y por las notas musicales más optimistas y risueñas que jamás he escuchado. Hasta los objetos inanimados restallaban agitados por la guitarra y los coros de los chicos de Liverpool. «Ya está aquí el sol», dice la letra, «ya está aquí el sol, y ahora te digo que todo va a ir bien. Vida mía, qué largo, triste y frío fue este invierno; parecía que nunca se iba a terminar. Ya está aquí el sol, ya está aquí el sol, y ahora te digo que todo va a ir bien. A los rostros han vuelto todas las sonrisas; tal si hubiera estado ausente durante años. Sol, sol, sol, ya está aquí. Sol, sol, sol, ya está aquí. Sol, sol, sol, ya está aquí. Sol, sol, sol, ya está aquí. Sol, sol, sol, ya está aquí. Vida mía, por fin se va fundiendo el hielo; tal si el cielo en años no se hubiera despejado. Ya está aquí el sol, dururuu, ya está aquí el sol, y ahora te digo que todo va a ir bien, que todo va a ir bien».

Mientras el sol ascendía rápidamente bruñendo el mar, nos rozaban la piel y penetraban nuestra entraña los primeros acordes de la canción que había escrito el genio de Georges Harrison. No había mejor entrada en la vida que esos timbres deliciosos que, con delicadeza de cascabel mimoso, maternal, nos avisaban de que toda la caldeada hermosura del mundo estaba ya dispuesta para nosotros, nos estaba esperando, gracias a que llegaba el sol. Entonces se deshacía cualquier sustancia enferma adherida a nuestro espíritu, y nos inyectábamos un sabrosísimo rato de inmortalidad revelada.

Si lo pienso bien, todavía hoy siento el comienzo de *Here comes the sun* como un preludio del bienestar. Y cuando la armonía de los instrumentos cede en un hilillo y da la palabra a la voz de Harrison, la salud se instala en el pecho y todos los sentidos se dejan visitar por una familiar conformidad y por un apetito renovado. Le digo a mi amor lo que la canción dice, que todo está bien, que el cielo se ha despejado, como subraya suavemente la batería de Ringo Starr. Es más que un amanecer. Es la disolución de todas las amenazas. Por eso, hacia la mitad de la canción se repite la plegaria, que como todo mantra o letanía promete lo que implora. Se trata del momento de la euforia emocional, porque la melodía asciende e inflama tu ánimo, y aviva sin posibilidad de resistencia el movimiento de tu cuerpo. Son tres minutos de apertura de todos los canales interiores de uno, tres minutos de gloria modesta y excelsa a la vez.

En torno a una luz se ordena el espacio. Basta que algo brille para que se cree a su alrededor una expectativa o una corte. Los monarcas antiguos estaban revestidos de ese esplendor magnético; ahora los hombres de poder son apenas farolas que reclutan una bandada de cínifes. Pero el esplendor congrega siempre, atrae, reúne. Es como la imitación del orden del universo. La mínima estrella prescribe un orden de órbitas por las que circulan las inertes masas de rocas y polvo que son los planetas y sus satélites.

No cabe duda de que sin la luz la realidad, tal como la conocemos, es inviable. El reino vegetal necesita la luz para existir, y sin sus procesos de vida fotosintéticos nuestro planeta sería inviable.

Nuestra parte vegetal también precisa de la acción del foco solar. Si no alumbrara cada día, la vida languidecería hasta desaparecer. Como la magnitud de su caducidad debe de ser proporcional al calibre de su potencia, no parece que debamos preocuparnos porque la estrella que nos alumbra se apague. Pero la mera imaginación del suceso ensombrece el alma de cualquiera: es el fin de todo.

El código que lleva al arte de la pintura occidental se desdibujó a principios del siglo XX, pero no por eso los pintores dejaron de ser unos obreros de la luz. Uno de los fundadores del arte abstracto, Vasili Kandinski contó cómo había «descubierto» él la nueva posibilidad de pintar. Una tarde regresaba a su estudio en el que había dejado a medio pintar un cuadro, un paisaje de factura fauvista en el que ensayaba un modelo de transparencia desde detrás, como si la iluminación se proyectara desde su cara oculta. Al observar el caballete en el que había instalado la tela se quedó pasmado ante la visión de una pintura desconocida. La luz del crepúsculo golpeaba oblicuamente la imagen que estaba pintando en aquel caballete, y le arrancaba un fascinante efecto de luz y color. A partir de entonces, Kandinski abandonará paulatinamente el arte figurativo que practicaba y tratará de imitar ese efecto que él ligará con una realidad de geometrías inmutables y tonalidades esenciales. El aspecto que presentarán sus cuadros desde entonces es el de una explosión luminosa y colorida, la decantación de todo aquel trabajo primero experimentando el claroscuro y el esquematismo de formas y colores.

Si la pintura trabaja la luz, la poesía es como la luz, pues hace aparecer las cosas. No las vemos, claro, porque son simples destellos, formas coloridas sin orden, pero sentimos su presencia en el poema. Y sentir un universo entero, lo aseguro, es una experiencia grandiosa, a veces más grandiosa que verlo.

Igual da, en ese caso, que los poemas sean de autoridad, que digan las cosas de modo tajante como luz rotunda, o que se trate de poemas de obediencia, que lo dicen todo como si fueran una llama agitada por el viento: nada es estable, no hay verdad fija. Esa verdad vacilante a la que llamaríamos fantasía también cobra naturaleza de presencia, de una presencia capaz de tensionar nuestras emociones.

Ya he vivido demasiado tiempo en lugares de pálidos cielos, demasiado tiempo habitando inviernos perpetuos de fragilísima luz, si no de una calima turbia color cemento. A mi edad, merezco ya los cálidos parajes meridionales, las soleadas arenas que rítmicamente refrescan unas olas que se mueren en dulces espumas. Lo merezco tanto como los jubilados alemanes.

Caspar David Friedrich, como buen alemán del norte, alienta desde su pintura a una parecida aspiración a un mundo más cálido que el que le tocó vivir. Y lo hace a la contra, sobreponiéndose al frío de las placas de hielo de los mares del norte y a sus crepúsculos, semejantes a los que con maestría de poeta describió el almirante Byrd en su libro sobre la Antártida. De su cuadro más conocido, *Caminante sobre un mar de nubes*, se desprende esa aspiración. Un hombre vestido con un elegante traje verde terciopelo asciende hasta lo alto de un monte desde el que contempla, dando la espalda al espectador y al camino de sombras y oscuridad por el que ha ascendido, contempla, digo, un paisaje blanco iluminado de nubes sobre el que asoman otras cimas igualmente afectadas por el astro que nos da luz.

Sin embargo, su canto más elevado a la luz se materializa en su cuadro *Acantilados blancos en Rügen*. Dos personajes en atuendo decimonónico de espaldas al espectador dirigen su mirada al increíble espectáculo de un mar al que la tarde ha puesto rosa y que enmarcan unos precipicios que proyectan una luminosidad propia de las minas de sal. Son los famosos acantilados de la Isla de Rügen, en el norte de Alemania.

Una buena cantidad de las obras de Caspar David Friedrich presenta siempre esta misma situación: hombres y mujeres de espaldas al espectador, en parajes de una perfecta soledad, y dirigiendo su mirada allá donde hay una luz: la luna, el sol, las brillantes masas de hielo, o las nubes por encima de las nubes. Su contemplación puede considerarse nostálgica y religiosa, en el sentido de que está animada por un deseo de salvación en la luz, un deseo de vuelta a la luz del origen a la cual nacemos.

En el cliché que se ha hecho de él, Friedrich representa la turbia agitación interior del alma romántica, sus pasiones explosivas, un nebuloso gusto dionisíaco, y se han obviado sus ansias de contemplación infinita, su búsqueda de una proyección luminosa, su anclaje espiritual en una estela de claridad diáfana. En Friedrich hay tormenta, sí, pero sobre todo hay la claridad del cielo abierto tras la tormenta. No fue el primero en experimentar ese pathos de la nostalgia, pero sí el que encabezó ese fuerte simbolismo para formularlo.

En la Kunsthalle de Hamburgo, hay otro cuadro de él, *La costa a la luz de la luna*, donde una fina línea de fulgor en el horizonte se presenta aplastada entre tenebrosas masas de nubes y la superficie negra del mar. Es tan sólo un hilo de luz, cuyo reflejo, sin embargo, posibilita alumbrar toda la escena. La historia de la humanidad es la historia del hombre por defenderse de la oscuridad y sus consecuencias, el frío, la incomunicación, la muerte, como la pelea individual del almirante Byrd contra las sombras densas de la Antártida en la noche polar.

Cuando cerraba los ojos y tomaba la mano de Regina para que me guiara, en nuestro juego, entonces veía la negrura del universo cósmico, y me parecía entrar en ese espacio infinito. Me imaginaba una luz, una única luz, como un granito de luz, que se situaba en el confín del universo ilimitado. Y comenzaba a andar, me proyectaba hacia delante en pos de esa mínima luz inalcanzable. Mi mano sentía la mano de Regina, sentía que tomaba de ella el pulso que me hacía avanzar. Avanzaba y avanzaba por el espacio libre delante de mí sin verlo. Avanzaba respondiendo a las señales de Regina, obedeciendo a sus avisos. Me di cuenta entonces de que dejarme ir era mi fuerza.

Recuperada la visión, me entero de que la luz ya no es energía ondulatoria, o ya no es sólo energía ondulatoria, sino que está compuesta de granos,

granos pequeñísimos como el que yo veía en mis paseos ciegos con Regina. Los han llamado cuantos, queriendo indicar que la sustancia de la luz, como la de la materia en general, no es continua, sino que se puede contar. Y que es gracias a esa naturaleza discontinua de la materia y de la luz por la que nuestro mundo es tan colorido y vivimos en medio de un permanente festival multicolor.

¡Cómo reluce el asfalto tras la lluvia! ¡Cómo brillan las hojas de los árboles al sol! ¡Qué reflejos de las aguas calmas! ¡Cuántos destellos despiden los metales pulidos! ¡Qué de visos hipnóticos cuando la luz de la tarde atraviesa la fronda del bosque! ¡Cómo brillan los peces! ¡Y tu piel bronceada sobre la arena de la playa! ¡Qué maravillosa visión la del fuego nocturno! ¡Me admiro de mi cuerpo, que reluce cubierto del sudor del abrazo amoroso! ¡Y de la antorcha de la luna sobre la superficie negra del mar!

El primer día es siempre así. Acciono el mando para que el store se recoja con lentitud de máquina. Lo detengo a mitad de la ventana, desde donde estoy, dos palmos por encima de la línea del horizonte. En primer plano, asoman por medias copas los pinos que otros plantaron en el jardín dispuesto en terrazas. Las agujas más elevadas presentan un verde encendido, mientras, más abajo, sus hermanas resultan serias de tan umbrías. Adelfas, carrascas, cipreses, buganvilias nos rodean. Me siento eufórico. El mar tiene la pátina de los objetos cromados. Espejea a veces; otras, parece tragarse la luz, sin solución de continuidad. Ahora cruza en dirección a levante una lancha, abriendo con puntas de lanza plateadas la bruñida lámina, y dejando tras de sí una estela de espumas blancas. Justo encima del horizonte se acumulan nieblas de tul, gasas de guata que dibujan una franjita oscura y provocan una ilusión de ¡tierra a la vista! Desde luego, no es Mallorca lo que se ve desde aquí, aunque sepa que la isla está detrás de ese horizonte. Sé que dentro de un rato el mar se tornará azul marino, se tornará del color de los jerséis de los marineros bretones. Cerca de las playas, en las calas que se abren entre farellones de piedra pálida, el esmeralda será el color que dejará ver sus fondos rocosos o arenosos, siempre rubios. Todo lo contemplo desde la habitación dorada que tiene un buda dorado que sonríe.

En este lugar, el cielo es más pequeño que el mar. Pasa una gaviota, suspendida sobre la masa oscura. Aquí, todo lo que destaca debe ser blanco.

Saldremos en barca a cruzar este mar. Aunque lo siento hostil, porque nací tierra adentro, el mar es el medio propicio para que se desarrolle la vida, por lo que deberíamos aprender a familiarizarnos con él como lo hacemos con la tierra firme. Es, pues, tan importante como la luz. Por eso la combinación de luz y mar nos resulta tan hechizante.

El día estival está despejado, lo que quiere decir que el pleno sol abraza nuestra piel desnuda. No es posible esconderse de él en el mar, a no ser que uno vaya en un barco con cubierta o en una barca con toldo, y esta barca no lo tiene. La hélice del motor fabrica un surco de agua bajo la popa y va desalojando espumas a uno y otro lado, que continúan abriéndose en ondas hasta desaparecer. El litoral abrupto del que cuelgan aquí y allá hermosas casas, increíbles construcciones que se agarran a la roca entre vegetaciones exóticas, es la representación cabal de la búsqueda de la belleza y del bienestar del hombre. Una casa frente al mar para ver un horizonte de luz en toda su plenitud.

Desde un lugar como éste fue escrito y entonado el himno órfico al sol: «Escúchame tú, afortunado, que posees una mirada eterna que todo lo ve, Titán de áureo resplandor, Hiperión, luz celestial que se crea a sí misma infatigablemente, grato rostro de los seres vivientes, creador de la Aurora a la izquierda y a la derecha de la Noche, tú, que regulas la temperatura de las estaciones, brioso, silbante, inflamado, alegre, auriga que dibujas un trayecto en vertiginosos círculos, guía que convoca a los piadosos, furibundo para con los impíos, poseedor de áurea lira, que trazas el armonioso sendero del universo, rector de nobles empresas, joven nodriza de las estaciones, soberano del universo cuando te apagas y cuando te enciendes con brillantes y hermosos rayos, guardián de la justicia, amante del agua, señor del mundo, guardián de la buena fe, supremo por siempre, auxilio de todos, ojo de la justicia, luz de la vida, Auriga que impulsas tu cuadriga con el restallante látigo, escucha, pues, mis palabras y descúbrenos la dulzura de la vida».

Muy al principio, hubo una luz primordial, una bruma primordial, una oscuridad primera y una opacidad primordial. Todo tuvo lugar en la diezmillonésima de la diezmillonésima de la diezmillonésima fracción de segundo del nacimiento del universo. Y todo resultó tan intenso que cada nueva fase era consecuencia de la hecatombe de la anterior, de manera que ese incipiente universo parecía que alcanzaba a su fin no bien se acababa de crear, en una dialéctica de creación-destrucción que, al final de miles de billones de años, condujo a lo que conocemos como nuestra realidad. Las dimensiones a la hora de considerar este fenómeno de generación del mundo nos volverían locos si no dispusiéramos del concepto de lo inimaginable, que actúa como una válvula de escape de nuestro entendimiento. Mi joven amigo Trinh Xuan Thuan lo describe en su libro con detalles hermosísimos con los que pretende acercar este primigenio suceso a nuestra comprensión. En realidad, la impresión que nos produce es que, en este asunto, la ciencia actúa como la literatura, con mucha imaginación.

Pero lo que sí es cierto es que la edad de las cosas grandes no es igual que la edad de las cosas pequeñas, aunque la unidad de medida sea la misma. El universo tiene trillones de años, y yo sólo ciento veintitrés, pero su juventud no es más longeva que mi protervia, y al revés. Todo y todos aquí me dicen que estoy viejo, pero en la estela cósmica somos la misma materia lanzada al vértigo de pervivir. Y lo milagroso es que cada mañana nos trae una viejísima fuente de luz nueva y benigna al delicado lecho de nuestra existencia.

La luz nace mucho antes de que aparezca la estrella.
Una palidez ilumina la página.

Pascal Quignard

Colección

DE LA BELLEZA